Dieses Buch gehört

Liebe Eltern,

wir wollen Ihr Kind beim Lesenlernen unterstützen, und zwar mit spannenden und lustigen Geschichten.

Unsere Bücher mit der liebenswerten Bildermaus begleiten Ihren Sohn oder Ihre Tochter durch die Vorschule. Sie enthalten kurze Geschichten mit einfachen Sätzen sowie großer und leicht lesbarer Schrift. Hauptwörter werden durch kleine Bilder ersetzt. Lesen Sie die Geschichten vor und lassen Sie Ihr Kind die Bilder selbst benennen. Am Ende finden Sie eine Bild-Wörterliste mit den einzelnen Bedeutungen. Viele bunte Illustrationen sorgen außerdem für Lesepausen und helfen, die Geschichte zu verstehen.

So wird der Spaß am Lesen geweckt, und Ihr Kind wird ganz nebenbei von der Bildermaus zum echten Leselöwen!

Ihre
Bildermaus

Kirsten Vogel

Komm nach Hause, kleiner Eisbär

Illustriert von Leonie Daub

Ihre Meinung zählt!

Nehmen Sie jetzt an einer kurzen Elternbefragung
des Loewe Verlags teil und beeinflussen Sie
die zukünftige Entwicklung unserer Kinderbücher:

www.elternbefragung.online

ISBN 978-3-7432-0911-4
1. Auflage 2021
© 2021 Loewe Verlag GmbH, Bindlach
Umschlag- und Innenillustrationen: Leonie Daub
Umschlaggestaltung: Kathrin Tobian
Vignetten Bildermaus und Sticker: Angelika Stubner
Reihenlogo nach einem Entwurf von Angelika Stubner
Printed in the EU

www.bildermaus.de

Inhalt

Wettschwimmen

Schnuppe, der kleine , sitzt

auf der und guckt in den

blauen . „Huhu, Schnuppe!"

Elli, die , kommt aus dem

auf die gerutscht. „Was

wollen wir spielen?", fragt sie.

„Hm", brummt Schnuppe.

Elli gewinnt immer! Er gewinnt nie.

Schnuppe streckt seine

zum . „Von Mama weiß ich

ganz viel über die . Soll ich

dir davon erzählen?" Die

blinzelt in die .

„Da sind doch gar keine ." –

„Tagsüber sind die   unsichtbar

wie  ", sagt der kleine .

Da spritzt eine hohe  aus

dem . Ein  taucht auf.

„Hallo, Hanno!", freut sich

Schnuppe. „Willst du was über

die  wissen?" Hanno wackelt

mit seiner . „Nein, lasst uns

zur  schwimmen. Wetten,

ich bin schneller als ihr?"

„Elli breitet ihre  aus. „Ich

bin dabei! Volle !" Sie rutscht

ins . „Na, toll. Ich verliere eh,

weil ich lahm wie eine  bin",

mault Schnuppe. Mama  stupst

Schnuppe mit der  an.

„Sei kein ." Hanno ruft:

„Komm schon!" – „Du bist

bestimmt so schnell wie eine ",

flüstert die kleine 🐚, die auf

Hannos 🐋 wohnt. Dann taucht

der 🐋 mit der 🐚 unter.

Seine große  verschwindet

im . Der kleine  läuft los.

Er rutscht aus und fällt auf den .

„Autsch!" Das  ist glatt wie

ein . Schnuppe kann nicht

bremsen. PLATSCH!

Er landet im . Sofort paddelt

der  los, so schnell er kann.

Es klappt sogar! Er fühlt sich ein

bisschen wie ein ! Aber als

er auf die  klettert, sind die

anderen schon da.

„Ich habe gewonnen!", ruft Elli.

Schnuppe lässt den  hängen.

„Nie stehe ich auf dem ." –

„Sei nicht traurig. Ich kann auch

nicht mitspielen!", wispert

die  auf Hannos .

Schnuppe beugt sich vor. Er kann

die  sehr gut sehen. Sie ist

weiß wie . Der  ist grau wie

ein . Der kleine  spiegelt

sich im .

Sein   ist auch so weiß wie ❄️

und 🍦. Da fällt ihm etwas ein,

was er gut kann: „Ich verstecke

mich und ihr müsst mich suchen!"

Das beste Versteck

Juhu! Der 🐋 und die 🦭 sind

begeistert. „Ich suche euch beide!",

ruft Elli. Sie hält sich die 🦭

vor die 👀 und zählt. Der 🐋

verschwindet unter der ❄️. Aber

er ist größer als ein 🚗. Seine 🐋

ragt unter dem 🍦 hervor.

Der kleine  dreht sich im .

Aus dem  ragt ein .

Schnuppe springt ins  und

schwimmt los. Er klettert auf

den  und legt sich flach hin.

Der 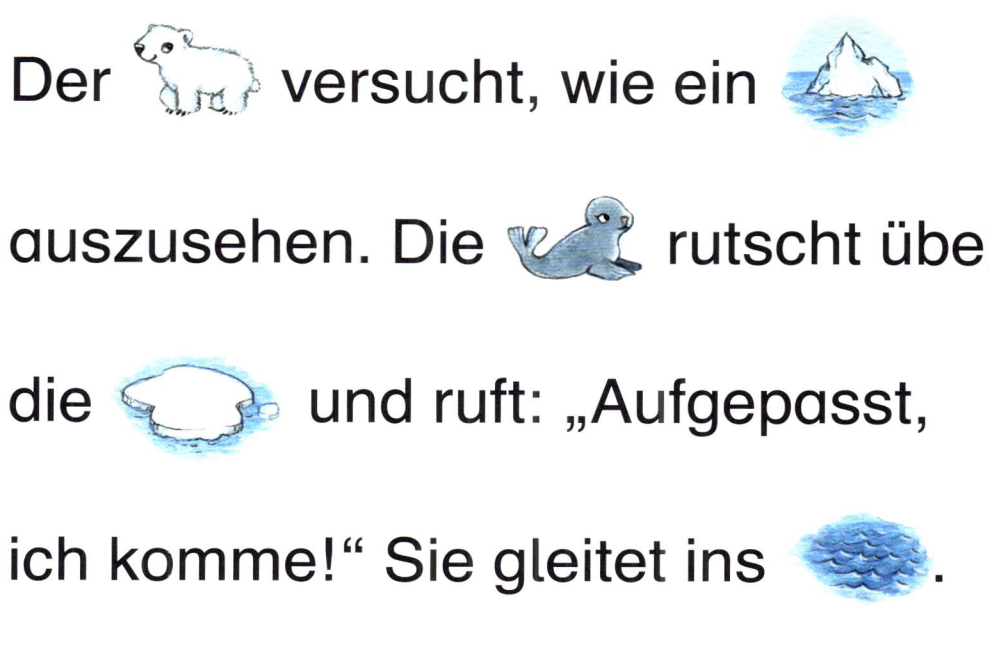 versucht, wie ein auszusehen. Die rutscht über

die und ruft: „Aufgepasst,

ich komme!" Sie gleitet ins .

Kurz darauf taucht sie wieder auf.

„Ich habe Hanno gefunden! Er

ist unter der ." Sie rudert

im ⟳ herum. „Aber wo ist

Schnuppe?" Hanno taucht auf und

atmet ein: „Schnuppe, pieps mal!"

Der kleine  gibt keinen ♪ von

sich. So leicht sollen sie ihn nicht

finden! Er hört, wie Elli und Hanno

nach ihm rufen. Die 🦭 und

der 🐋 kommen näher.

In Schnuppes  kribbelt es,

als würde ein 🐟 darin

schwimmen. Sein ❤️ rast. Aber er

ist gut getarnt. Die 🦭 und der 🐋

schwimmen an dem 🧊 vorbei.

Der kleine 🐻‍❄️ wartet. Und wartet.

Langsam wird es langweilig. Er legt sich auf den  und gähnt herzhaft. Seine 👀 fallen zu.

Schon ist er eingeschlafen und träumt, wie er mit Hanno und Elli die ✨ anguckt.

Auf einmal kitzelt ihn etwas

am  . Eine kleine 🕊 pickt

mit dem 🐦 in sein 🦔 .

Schnuppe reibt sich die 👀. Ist

er etwa eingeschlafen? Der 🌙

leuchtet auf das 🍦.

Es ist dunkel. Schnuppes   klopft

schnell und laut. Hoffentlich gibt

es hier keine ! „Hast du

die  Elli und den  Hanno

gesehen?", fragt er die .

Die  schüttelt den . „Ich

muss nach  . Mama

wartet auf mich." Sie flattert mit

den  und fliegt fort.

Nordstern und Polarlichter

Oje. Bestimmt wartet Mama

auch auf Schnuppe. Wie soll er

den  nach  finden? Der

ist schwarz wie ein . Doch über

Schnuppe funkelt der helle 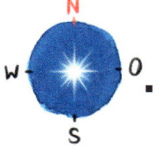.

Der  befindet sich immer

am selben  am .

29

Das weiß Schnuppe von Mama.

Wenn er sich abends an sie

kuschelt, steht der 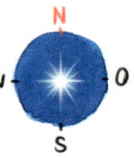 immer

über ihnen. Also ist Mama

bestimmt nicht weit weg von ihm.

Schnuppe fällt ein  vom  .

Jetzt muss er mutig sein! Der

springt ins  wie eine  und

schwimmt schnell wie ein .

Er klettert auf die nächste

und rutscht weiter.

BUFF!, stößt er gegen einen

weichen . Mit der  ertastet

er das . Es ist Mama .

„Da bist du ja endlich!", ruft sie.

„Wir haben dich überall gesucht",

berichtet der .

„Wir warten hier alle auf dich.

Wo warst du?", fragt Elli. „Auf

einem  . Ich bin eingeschlafen",

erzählt Schnuppe. „Der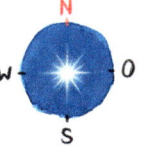

hat mir den  gezeigt."

Die   hüpft froh auf und ab, bis

die   wackelt. Mit den

zeigt sie auf einen . „Du hast

dich am besten versteckt! Und das

hier ist dein  ."

Schnuppes   funkeln. Er

klettert fröhlich auf den  .

Und plötzlich leuchtet der

in allen  . „Die  !", ruft

der kleine 🐻‍❄️ aufgeregt.

„Erzähl mir alles über den

und die  ", bittet Elli. „Au ja,

mir auch!" Hanno schwimmt ganz

nah an die  heran. „Darf

ich noch aufbleiben?" Schnuppe

guckt Mama  flehend an.

„Ausnahmsweise", sagt Mama.

„Aber danach geht ihr ins ."

Alle nicken dankbar. Sie kuscheln

sich so eng aneinander, dass

kein 🧊 mehr zwischen sie passt.

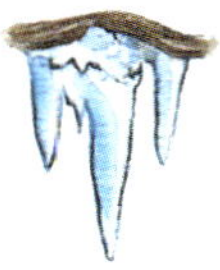

Endlich kann Schnuppe erzählen:

„Der 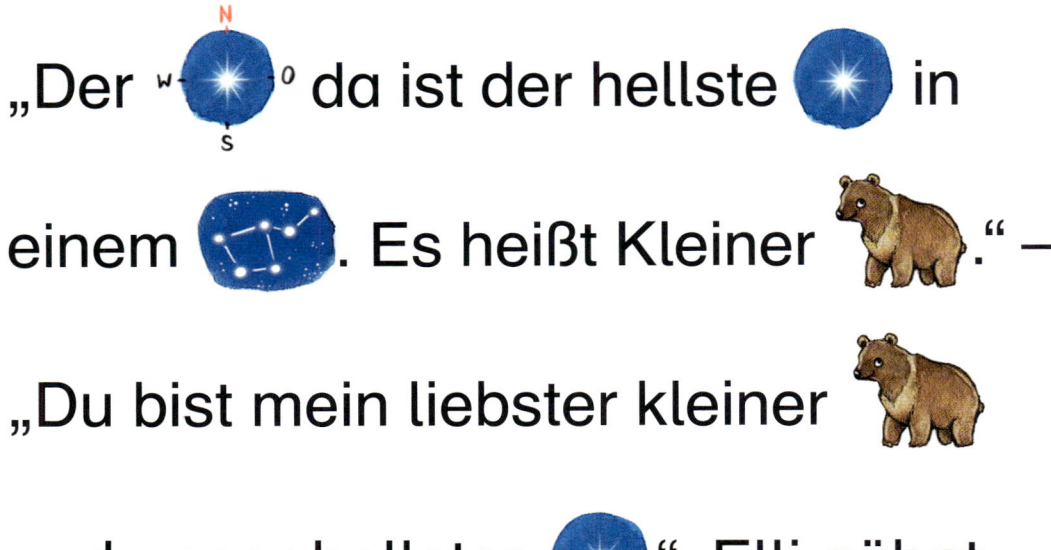 da ist der hellste 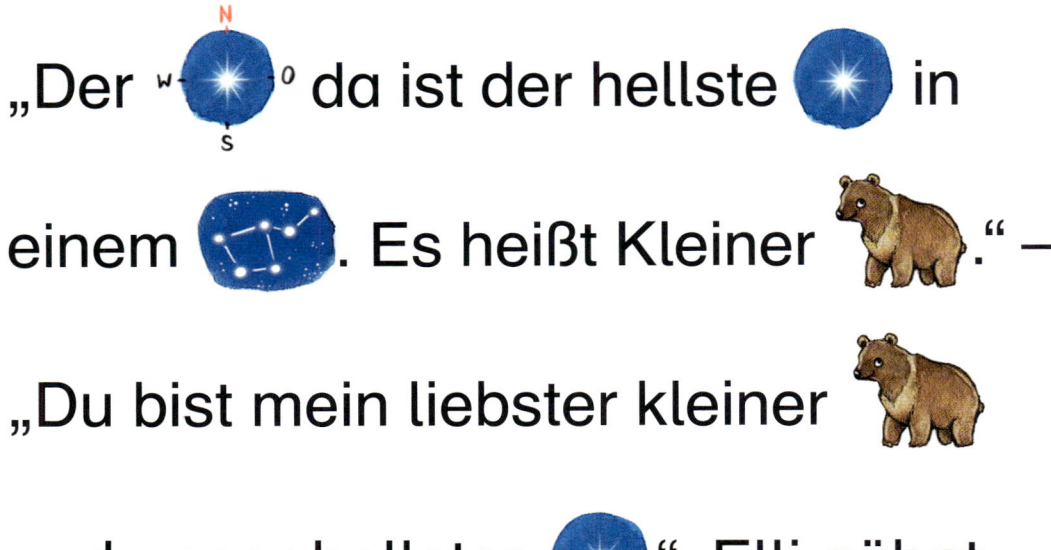 in

einem . Es heißt Kleiner .“ –

„Du bist mein liebster kleiner

und unser hellster  “. Elli gähnt.

Sie kuschelt sich in Schnuppes  .

Bald schnarchen Hanno und Elli

laut wie . Nur die

hört noch zu. Schnuppe ist der

glücklichste  der .

Die Wörter zu den Bildern:

 Eisbär

 Gespenster

 Eisscholle

 Fontäne

 Himmel

 Wasser

 Robbe

 Wal

 Meer

 Rückenflosse

 Tatze

 Flossen

 Sterne

 Kanne

 Sonne

 Schnecke

 Nase

 Fisch

 Faultier

 Kopf

 Sternschnuppe

 Sieger-treppchen

 Muschel

 Schnee

 Rücken

 Stein

 Schwanzflosse

 Fell

 Po

 Augen

 Eis

 Auto

 Spiegel

 Kreis

 Eisberg

 Flügel

 Ton

 Weg

 Bauch

 Rabe

 Fischschwarm

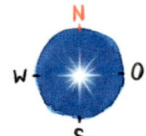 Nordstern

 Herz

 Punkt

 Eismöwe

 Eisblock

 Schnabel

 Farben

 Mond

 Polarlichter

 Haus

 Bett

 Eiszapfen

 Stern

 Sternbild

 Bär

 Motorsägen

 Welt

Kirsten Vogel, geboren 1977,
hat lange für Fernsehserien
geschrieben und war Producerin
der Familienserie „Der Landarzt",
ehe sie nach der Geburt ihres zweiten

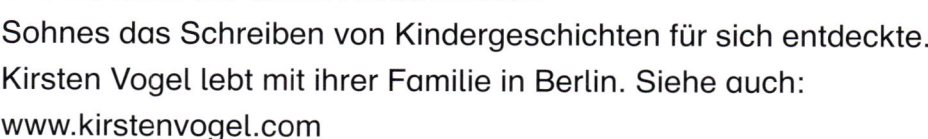

Sohnes das Schreiben von Kindergeschichten für sich entdeckte.
Kirsten Vogel lebt mit ihrer Familie in Berlin. Siehe auch:
www.kirstenvogel.com

Leonie Daub studierte Kommunikationsdesign
an der Staatlichen Akademie der Bildenden
Künste in Stuttgart. Heute übt sie dort ihren
Traumberuf als freie Illustratorin aus.

Noch mehr Lesespaß!

ISBN 978-3-7432-0852-0

ISBN 978-3-7432-1008-0

ISBN 978-3-7432-0910-7

ISBN 978-3-7432-0759-2

LOEWE
Das will ich lesen!